Amorgos Notebook

Also by Elsa Cross

in English:

Beyond the Sea *
Selected Poems *
Bacchantes and Other Poems

in Spanish:

Insomnio
Atrapasueños
Poesía completa (1964-2012)
Escalas
Nadir
Bomarzo
Visible y no
Cuaderno de Amorgós
Visiones del niño Rām
El vino de las cosas. *Ditirambos*
Monzón. *Poemas desde la India*
Ultramar. *Odas*
Los sueños. *Elegías*
Cantáridas
Urracas
Casuarinas
Jaguar
El diván de Antar
Canto malabar
Baniano
Bacantes
Tres poemas
La dama de la torre

*Shearsman titles

Elsa Cross

Amorgos Notebook

translated from Spanish by
Luis Ingelmo & Tony Frazer

Shearsman Books

First published in the United Kingdom in 2018 by
Shearsman Books
50 Westons Hill Drive
Emersons Green
BRISTOL BS16 7DF

Shearsman Books Ltd Registered Office
30-31 St. James Place, Mangotsfield, Bristol BS16 9JB
(this address not for correspondence)

www.shearsman.com

ISBN 978-1-84861-483-3

Poesía completa (1964-2012), Elsa Cross.
Copyright © 2012, Fondo de Cultura Económica
Todos los derechos reservados, México, DF.
This edition consists of a maximum of 1,000 copies.

Translation copyright © Luis Ingelmo and Tony Frazer, 2018.

The right of Elsa Cross to be identified as the author of this work, and of Luis Ingelmo and Tony Frazer to be identified as the translators thereof, has been asserted by them in accordance with the Copyrights, Designs and Patents Act of 1988. All rights reserved.

Acknowledgements

Cuaderno de Amorgós was first published in 2007 by Editorial Aldus, Mexico City, and has since been reprinted in the author's collected poems, *Poesía completa (1964-2012)* (Mexico City: Fondo de Cultura Económica, 2012). The original text and the translation are printed here by kind permission of the Fondo de Cultura Económica.

An earlier version of 'Islands', translated by Luis Ingelmo and the late Michael Smith, appeared in Elsa Cross, *Selected Poems* (Shearsman Books, 2009).
That translation has been completely revised for this edition.

The translators wish to express their gratitude to Elsa Cross and to Anamaría Crowe Serrano for their invaluable assistance in bringing this translation to its final state.

Contents

La noche   10
Night   11

Los furores heroicos   32
The Heroic Frenzies   33

Las islas   54
Islands   55

La Presencia   78
The Presence   79

To
Natalia Moreleón
Marco Antonio Campos
Nikos Vasalos

Cuaderno de Amorgós

Amorgos Notebook

LA NOCHE

NIGHT

1

Di la vuelta al recodo, el sol se puso. Cambiaba la fase de la luna, y fui saliendo de ese lugar donde los árboles crecían inclinados.

El suelo abría indecisiones momentáneas en el ojo del saurio, piedras sueltas poniendo a prueba la prudencia o la agilidad.

Venía a la memoria la inmensa bestia dormitando en el sueño, junto a un guardián.

Sueño indeciso, entre la huida rápida y los choques invisibles, allá en la casa de los muertos.

1

    I turned the bend in the road; the sun set. The moon was changing phase, and slowly I left that place where the trees grew aslant.

    The ground opened fleeting indecisions in the lizard's eye, loose rocks testing one's caution or agility.

    I recalled my dream of that enormous beast dozing, next to a watchman.

    Indecisive dream, between quick escape and invisible collisions, over there in the house of the dead.

2

En su inmóvil sedimento la noche anuda sombras al tronco de los árboles;
    obtusas, socavando su propia sustancia,
                    caen por sus fisuras.

En hierro se escuecen los pensamientos inacabados, y las palabras flotantes
toman formas mortíferas–

            para siempre limpiarse los ojos de esa última mirada.

Desde la luz hendida, el oído se orienta por estos dones contrarios:
        una flauta
            a distancia
        las olas de la noche.

2

In its inert sediment, night fastens shadows to tree trunks;
   obtuse, undermining their own substance,
                                     the shadows fall through cracks.

Unfinished thoughts chafe in iron, and floating words take deadly shapes —

   to forever cleanse one's eyes of that last gaze.

From the divided light, the ear finds its bearings with these opposed gifts:
                        a flute
                                in the distance
                      the waves of night.

3

Un rumor ominoso.
Horas de morir tras el rigor de las contraventanas.

Cuando al fin se hace el silencio, campanas inexistentes, frotaciones en el extremo de la hoja.

O en la secuencia, la selva inopinada, el desdén del follaje —grandes mónsteras—
         por esos días dormidos a contraluz.

3

An ominous murmur.
Hours of dying behind the harshness of the shutters.

When silence finally falls, non-existent bells, rubbing at the edge of the leaf.

Or in sequence, the unexpected jungle, the foliage's contempt — large monsteras —

        during those days sleeping against the light.

4

      Distancia entre la vista y los objetos: losas llenas de polvo en un patio sin
reino,
          pasadizos bajo esa sombra
                        donde las voces de los muertos se confunden.

      Pueblan el aire burbujas de pensamiento,
                        vacíos de sentido,
en un paraje anterior, no reconocible en los nuevos sitios
                              ni en las viejas veredas de
los ojos.

      Sobre los tallos, esqueletos de flores resplandecen.

4

     Distance between gaze and objects: flagstones covered in dust in a yard with no realm,
          passages under that shadow
                    where the voices of the dead merge.

     The air is heavy with bubbles of thought,
                    devoid of meaning,
in a former location, unrecognisable in new places
                  or in the eyes' old pathways.

     On stalks, the skeletons of flowers shine.

5

    Se encienden en la herida los bordes de una muesca, contorno idéntico al de la nube que se mueve
                suave, deshaciendo sus formas.

    Muesca de una dentellada—
                      el mar o el cielo se llevan la mitad faltante.

    La herida se dibuja con sus bordes rizados. ¿Qué falta en la perdida redondez? ¿Qué se llevaron las olas, las nubes, los minutos?

    Los sentidos oponen contraseñas de silencio
                            —como si un águila, en atención a la fábula, fuera a trozar la cuerda de la cual pendemos.

5

    In the wound the edges of a scar shine, an imprint identical to this cloud's, moving
        softly, its shapes dissolving.

    Scars from a bite —
                the sea or the sky take away the missing half.

    The edges of the wound are jagged. What's missing in its vanished roundness? What did the waves, the clouds, the minutes take away?

    The senses proffer silent passwords
                      — as though an eagle, with a nod to the fable, were to shred the rope from which we are hanging.

6

El insomnio muestra sus *cumbres peladas*, sus calvarios.

Entrar en ese abandono hasta el recuerdo que hay detrás—

flecos lúgubres oscilando en la conciencia, como un augurio. Velo tendido sobre los ojos.

                                                               Fraseos enigmáticos,
y el absurdo de esa procesión de imágenes truncas:

                    pértigas corcuscantes, astrágalos,
                    peplos, esteatopigias, trípodes,
                    propíleos, kernos, faloforías.

6

Insomnia shows its *bare peaks*, its ordeals.

Entering that abandonment as far as the memory behind it –

sombre loose threads swaying in the mind, like an omen. A veil covering the eyes.

                                                  Enigmatic phrasings,
and the absurdity of that stream of incomplete images:

                        coruscating poles, astragalus,
                        peploses, steatopygia, tripods,
                        propylaea, kernos, phalloforia.

7

Cómo saber si la estatua que se yergue entre las fuentes, apenas insinuando una forma, quedó inconclusa
                o se ha erosionado.
Ese contorno, como un texto desleído, tiende un manto sobre la realidad.

Rosetones de piedra, signos del entresueño, engendran notas erráticas, músicas de pausas dilatadas.
Y en la curva del ojo, cerrado en su propia desnudez,
                                            ceniza.

El camino no tiene ya regreso. Así transitan esos sueños, en ecos cada vez más delgados,
        hasta quedarse con dos notas que se alternan.

7

    How do you know if the statue rising amid the fountains, barely suggesting a shape, was left unfinished
                              or has eroded.
    That outline, like fading text, envelops reality with a cloak.

    Stone rosettes, signs of drowsing, breed erratic notes, melodies with long pauses.
    And in the curve of the eye, closed in its own nakedness,
                                              ashes.

    The road has no way back. So those dreams travel, with ever fainter echoes,
        until only two alternating notes remain.

8

El viento sacude mariposas de ónix en un balcón —pululación de prismas, de signos no entendibles.

Un viejo da vueltas en la azotea. Tal vez rememora lo que no llegará, o repasa su monólogo de vigía.

La luz entreabierta se descuelga, baja, retrocede sin mostrarse—

como letra de astucia se desdice.
Tintinean los ecos de una frase que se adhiere a las formas o pierde sustancia.

Y cuando quiere entender, la razón se desintegra, se ahúma, queda con su montón de palabras
                entre las hojas secas de la calle.

8

The wind shakes onyx butterflies on a balcony — swarming prisms, incomprehensible signs.

An old man keeps walking around on the flat roof. Perhaps he recalls what won't be happening, or is rehearsing his watcher's monologue.

The half-open light descends, slides down, moves back unseen —

goes back on its word, like trick writing.
The echoes of a sentence jingle as it follows form or loses its substance.

And, struggling to understand, reason disintegrates, fills with smoke, is left with its pile of words
                        amongst the dry leaves in the street.

9

Se congelan los ecos en el rincón del ojo. Las multitudes se dispersan y la calle se abre hacia la noche.

Ruidos de voces. Oh escándalo, arrebatando el sosiego hacia esa turbulencia en tierra firme.

Cuerdas largas en el pescuezo de las bestias híbridas, lúbricas, rampantes,

cuando han recorrido impunemente un tramo del trayecto, sin temor a una respuesta fulminante o un veto irrevocable.

Todas las transgresiones, como secreto a medias, con la complicidad de los crepúsculos–

Cambio de luz imperceptible, puerta fugaz a infiernos no soñados

—subsuelos de la conciencia

9

    Echoes freeze in the corner of the eye. The crowds disperse and the street opens up to the night.

    Noise of voices. Oh uproar, snatching the peace away toward that turmoil on dry land.

    Long ropes around the necks of the salacious, rampant, hybrid beasts

    when they have covered a stretch of the journey with impunity, unafraid of a withering response or an irrevocable veto.

    All transgressions, like half-secrets, complicit with the dusk –

    Imperceptible change of light, a fleeting door to undreamed-of hells

                               – the underworld of consciousness

10

La noche se desborda bajo el arbitrio del tiempo, y su grave tesitura, estruendo en sordina,
        se incendia sola.

La roja hoja seca y puntiaguda, la envoltura del tallo y sus marañas.
               Nada
             dentro
                       ni fuera
          La grieta en la pared.

Noche cernida por la mordedura del tiempo, pausa que se detiene en la antena erizada.

Insectos
—torso lacerado, lleno de oblicuos miedos,
                                        deslizamiento por la orilla
tendida de lo real.

10

Night overflows at the discretion of time, and its deep tessitura, a muted roar,
    sets itself aflame.

The red leaf, dry and pointed, the cover of the densely tangled stalk.
                Nothing
                inside
                        or out
              The crack in the wall.

A night sieved by the jaws of time, a pause halted on the bristling antenna.

Insects
— lacerated torso, full of oblique fears,
                                    sliding across the extended shores of
reality.

LOS FURORES HEROICOS

THE HEROIC FRENZIES

1

    El grito cimbró como una lanza en la curva de su ascenso todo ese ruido de sueño en los oídos,
    grito desencarnado, ecos difusos, y como tráfico de almas en pena, los pensamientos–
            hechos de voces machacadas, rasgaduras, mezclando sin concierto sus afanes dispares, urgiendo el lugar primero
                      – por unos cuantos mendrugos.

    Así en casa de locos, la lucidez cambiante, los sentidos obtusos, la ignorancia en su silla de paja–

        todo el tumulto se cimbra y se suspende. Y desde lo oscuro el grito penetra en ráfagas,
      punza vivo,
    desprendiéndose de un simple monosílabo, una breve nota monocorde,
para caer
        como una lanza.

1

    Like a spear in its ascending curve, the scream shattered all that noise of dreams in the ears,
        disembodied scream, diffuse echoes, and like the traffic of lost souls, thoughts —
            made of crushed voices, gashes
        haphazardly mixing their uneven desires, desperate for first place
                                            — for a few
crumbs.

    Just as in a madhouse, clarity changing, senses obtuse, ignorance on its wicker throne —

        the entire commotion shaken and left hanging. And out of the darkness the scream breaks through in waves,
                      pierces sharply,
        parting with one simple monosyllable, a brief one-stringed note, to fall
                                              like a spear.

2

Tras la noche de ruidos lacerantes, un signo interroga sobre un mismo predicamento y recibe
>　dos respuestas contrarias.

El estruendo de cortos circuitos aúna al rumbo espeso una condena cierta.
Y estar bajo ese rayo —como una capa ardiente, una jugada imprevista del destino—
>　es aceptar un sacrificio.

Desde alguna decisión obtusa los suelos movedizos inciden en el traspié.

El curso aleatorio hace y deshace pequeños bloques de sentido.

2

    Following a night of piercing noises, a sign enquires after a single predicament and receives
        two opposing replies.

The din of short-circuits combines dense lavishness with a sure penalty.
And being under that ray – like a burning cape, an unforeseen twist of fate –
    is to accept a sacrifice.

Out of some obtuse decision the moving ground sets its trap.

The erratic course makes and unmakes small units of sense.

3

El sudor escurre desde la nuca, cae espalda abajo, hormiguea en las ingles.

Y frente a una lata de cerveza, ver la danza de moscas, las colillas en el piso de cemento, las vitrinas opacas.
El hombre sentado al frente, con las botas salpicadas de fango, igual que la ropa y el cabello, es un espejo—

Leer sobre su rostro la misma sensación que invade desde el estómago, subiendo como una voluta de humo negro, alcanzando la boca en una exclamación—

Los ojos quedan fijos en cualquier parte, bestias atadas, mientras los pensamientos corren acá y allá sin encontrar donde detenerse.
Paráskevi
—el día de la sangre.

3

Sweat drips from the back of his neck, runs down his back, tickles his groin.

And nursing a can of beer, seeing the flies dance, the cigarette butts on the cement floor, the opaque shop windows.
This man sitting at the front, his boots spattered with mud, just like his clothes and his hair, is a mirror –

Reading in his face the same feeling that spreads all the way from one's stomach, rising like a spiral of black smoke, reaching one's mouth as an exclamation –

His eyes are fixed on any given spot, tethered beasts, while his thoughts run loose and have no place to stop.
Paraskevi
— the day of blood.

4

Seguir por ese litoral con el reflejo de matar moscas sobre el cuello o el brazo.

Algunas precisiones sobre "la especie distinta bajo el agua".

Un muchacho corre por la arena, siguiendo una pelota hecha de hilos.

El calor golpea a grandes coletadas. Oh vencidos, enfrentar ese costado de cetáceo.

"La especie distinta bajo el agua" —sin saber a qué podía referirse, oyendo las aspas del ventilador.

Se volvía de dos mentes. Una seguía allí, sin encender la lámpara; la otra, en la playa rocosa, no lejos del muchacho que jugaba.

Y los aviones se acercan como un romper de olas.
Las ráfagas cerradas —

    bajo el sol que petrifica en el pecho la blanda víscera.

4

Going along that shore instinctively swatting mosquitoes on the neck or the arm.

Some clarifications concerning "the different species under the water."

A boy runs across the sand, following a ball made of string.

The heat beats you with great swipes of its tail. Oh you losers, confronting that cetacean flank.

"The different species under the water" — not knowing what it referred to, hearing the fan's blades.

He was in two minds. One remained there, leaving the light off; the other, on the rocky beach, not far from the boy playing.

And the planes approach like waves breaking.
The full blasts —

      under the sun which petrifies that soft organ in the chest.

5

La ciudad se hunde en un fragor oscuro, el día cae como una limadura de plomo, una nube de espanto.

—Los dejaron comer de la ira y de sus males.
Escuchan a la distancia gritos, estallidos, crepitar de fuego extendiéndose a las casas.

Y tierra y cárcel a las hojas en la cerrada claridad de agosto, en el empeño del viento lóbrego recorriendo la espalda,

sin detener el trayecto de la lumbre, bajo el cielo del ocaso que turba los reflejos y salta en su afán de espesura todo ardid.

5

The city sinks into a dark clamour, day falling like lead filings, a cloud of horror.

— They let them feed off wrath and their own ills.
They listen to distant screams, explosions, the crackle of fire spreading to the houses.

And earth and jail to the leaves in the enclosed August light, in the efforts of the sombre wind blowing across one's back,

without blocking the course of the fire, under a twilight sky that harms the reflexes and skips through the undergrowth, past every ruse.

6

Sosteniendo un trémolo en sus cuerdas precarias, esas notas hablaban de que no habrían de volver
—y ellos lo sabían.

Soñaban muchas veces sus ciudades. Nada bastaba para contener esa nostalgia, alzando en la noche altos muros sonoros.

Ciudades del desierto —y en el extremo de sus cuidados no les bastó oponer ninguna argucia.

Se oían sin cesar esas sílabas en el límite de la voz —plegarias a dioses sin progenie.
Y ellos sin peso entre los otros, nombres sin resonancia.

Aun a cambio de su reposo tocaban hasta el amanecer, clavando astillas en el alma.

6

Holding a tremolo on its precarious strings, those notes spoke of never returning
      — and they knew it.

Many times they dreamed of their cities. Nothing sufficed to contain that homesickness, raising high walls that echoed in the night.

Cities in the desert — so careful, and none managed to put forward any sly counter argument.

Those syllables could be constantly heard at the extremes of the voice — prayers to gods with no progeny.
                    And they, weightless amongst the others, names with no resonance.

Even in return for their rest they played until dawn, driving splinters into the soul.

7

Puntos luminosos bordean los golfos negros, se agolpan en un cráter brillante y el pulso oscuro de ese tiempo entra con su ceguera.

Se llena de púas verdes el silencio en ese amanecer presidido por el viento en la cañada, los gallos, la luna hundiéndose en las islas.

Arriba las nubes quietas, como otras islas—

Un estruendo ondula entre la noche atrás y el rumbo letal de la mañana, su mar picado, sus bestias impacientes.

Pájaros ahítos de un naufragio atezan sus plumas bajo el sol.

7

    Luminous dots run along the black bays, throng around a shining crater
        and the dark pulse of that time enters blindly.

    Silence fills with green barbs in that dawn dominated by wind in the ravine, roosters, the moon sinking amongst the islands.

    Still clouds in the sky, like other islands —

    A boom ripples from the night before to the deadly course of morning, its seas choppy, its beasts impatient.

    Sated birds from a shipwreck smooth their wings under the sun.

8

Todo ese invierno bajo los bombardeos se alzaron las estelas humeantes.

Rostros queridos se perdieron en las fosas o en otros humos de piras funerarias.

Dondequiera que se pisara, abajo había muertos. El alma estirada hasta romperse–

y los rostros tendidos en un hilo de hierro, como oxidados, no compartían miradas, allá, en la orilla del mundo,

donde la ortiga duele y la nube de pensamientos descarga su lluvia negra sin respiro.

8

All that winter under the bombardments there rose trails of smoke.

Beloved faces were lost in graves or in smoke from other funeral pyres.

Wherever one trod, the dead were underfoot. The soul stretched until it broke —

and the faces hung on an iron thread, as though rusty, exchanged no glances, there, at the edge of the world,

where the nettles sting and the cloud of thoughts relentlessly pours its black rain.

9

Dejaron todavía brillar los días de tregua.
Huida concertada en el caos, travesías impracticables por los desfiladeros.

¿Dónde sino en el gesto de los suplicantes hallar el modo de acercarse?
—tan vano como arabescos bordados en un manto.

Al filo de una cuerda.
La historia, acumulación —la ciencia, cuenta pálida.

Escurrían cuesta abajo por la maraña de los cerros, sin saber qué caminos tomar—
hacia su propio matadero.

Señas cruzadas entre las rocas, sin que nadie supiera que ellos morían allí, tan ocultos del cielo.

9

They still allowed some days of truce to shine.
Escape arranged in the chaos, impossible journeys through the gorges.

Where else to find a way to get closer but in the gestures of supplicants?
— as vain as arabesques embroidered on a cloak.

On the edge of a rope.
History, accumulation — science, a pale calculation.

They slithered downhill in the tangle of hills, not knowing what trail to take—
towards their own slaughterhouse.

Crossed signs amid the rocks, nobody knowing they were dying there, so hidden from the sky.

10

La diosa de ojos enrojecidos mira desde el camino donde van como espectros y no sabe si están vivos o muertos.

Los pájaros no alcanzan a desplegar las alas. Ruidos, ríos como escamandros de sangre. Espesas breas.

El miedo se distiende en el silencio. Ha resbalado ya la mano que apunta al final de las horas.

En las vías del tren, estación en medio de ningún lugar, bicicletas volcadas, carros de coles.

Partieron en medio de los fuegos extintos, cuando el fulgor del cielo decrecía, atenazando en su cerco la memoria.

Vías impensadas.
Signos que juntan a sus nombres una carga de amor intempestivo,
de furores heroicos.

10

The goddess with reddened eyes watches from the path they travel like ghosts, and she can't tell if they are dead or alive.

Birds don't manage to spread their wings. Noises, rivers like scamanders of blood. Thick tars.

Fear eases in silence. The hand that points to the end of time has already slid down.

On the tracks, a station in the middle of nowhere, fallen bicycles, carts with cabbages.

They set off amid the extinguished fires, when the brightness in the sky waned,
    gripping memory in its halo.

Unexpected tracks.
Signs that join their names to a burden of untimely love,
                      of heroic frenzies.

LAS ISLAS

ISLANDS

1

    Caseríos perdidos en los mantos de roca. Y desde allí, el horizonte de islas, el pequeño faro sonámbulo, sin encenderse aún.

    Bajo el polvo violeta del ocaso, la inmensa roca, Santa Trinidad, extiende a cielo y tierra sus ángulos abruptos
                    –súbitos desniveles, como en los muros de la gloria.

    Y el sol desaparece al otro lado para hundirse en las aguas, detrás del islote inhabitado, infértil,

    que a la mañana recortará sobre la luz su cabeza de saurio, y en uno de sus extremos, perdida casi,
        fulgurará la capilla abandonada, blanca,
                    –amuleto contra malos espíritus.

    Oh, mar danzante bajo el trayecto de las gaviotas, mientras las islas reaparecen, coronadas de nubes.

1

 Hamlets lost in layers of rock. And from there, the horizon of islands, the small sleepwalking lighthouse, not yet alight.

 Under the violet dust of sunset, the huge rock, Holy Trinity, stretches its steep angles to sky and earth
      – sudden drops, as on the walls of glory.

 And the sun disappears on the other side, sinking into the waters behind the uninhabited, barren islet,

 which in the morning will cut out its lizard's head above the light, and at one of its extremities, almost lost,
  the white, abandoned chapel will gleam,
       – an amulet against evil spirits.

 Oh, sea dancing beneath the flight-paths of seagulls, as the islands reappear, crowned with clouds.

2

Esa sustancia abierta allende el mar, como un ala de hormiga sobre la brisa azul del romero, flota omnipresente.

Desprendiéndose de esa espuma de dioses, escancia en la propia soledad su copa de silencio.

Entra y sale del brillo de la ola, disuelve al otro lado de la conciencia las últimas palabras–
        ya no alcanzables en la estela del día.

Sentidos cada vez más nítidos, en sus límites cortan toda el aura imprecisa, profusa, danzante del entresueño.

Se oye todavía, cerrándose, la música de las últimas frases, ya perdidos las letras y el compás–

    queda al otro lado, para encontrarse en la cifra aleatoria de la ola, en otro golpe de mar,
        visitada ya por otro oído.

2

    That substance opening beyond the sea, like an ant's wing on the blue breeze of rosemary, floats, omnipresent.

    Detaching itself from that divine surf, it pours a glass of silence from its own solitude.

    It enters and leaves the glittering waves, dissolves the final words on the other side of conscience –
                  no longer attainable in the wake of day.

    Senses sharper and sharper, at their edges they cut away all the vague, profuse, dancing aura of half-sleep.

    The music of the final phrases can still be heard, lyrics and beat already lost –

    it stays on the other side, to be found in the wave's random cipher, in another breaking of the sea,
                  visited now by another ear.

3

Se pierde el horizonte tras la bruma.

El contorno de las islas bien puede ser una figuración imaginaria, o densidad de hidrógeno o algo inexistente,

una mínima concentración en los tonos pizarra de la tarde —peso apenas distinto de lo que cifra la mente en esas islas.

Luz cambiante bajo las pérgolas, uvas pequeñísimas brotan como minutos en el racimo de los días,

o glicinas moradas caen sobre las páginas del libro, palabras que se disecan,
mirada que se pierde en su inmovilidad, en su deseo de asirse a una referencia central,

aunque de pronto confunda una boya en la rada con el dorso de un delfín, o el sol que cae a plomo con el fuego del alma.

3

The horizon is lost behind the mist.
The contours of the islands could be a figment of the imagination, or hydrogen density or something non-existent,

a minimal concentration in the slate tones of evening – a weight scarcely different from what the mind encodes on those islands.

Shifting light under the pergolas, tiny grapes sprouting like minutes in the cluster of days,

or purple wisterias falling onto the pages of the book, words drying up,
gaze lost in its own stillness, in its desire to cling to one main point,

although it might suddenly confuse a buoy in the inlet with a dolphin's back, or the sun beating down with the fires of the soul.

4

Toda la noche el canto de las lechuzas jugó entre dos notas de viola. La luna se ha ido más pálida que una nube.

Bajo el viento del este, el eucalipto danza —dócil cabellera— flexible como una mujer posesa,
           enajenado a lo que dictan las manos múltiples.

Las nubes huyen. El viento recorre las playas difusas.

Arrasaría las palmeras heladas la tempestad, el estallido distante o el piar discontinuo de los pájaros tiritando en los techos.

Crece el viento en el mar y la mirada inventa su propia cerrazón, su levedad insomne.

4

All night long the song of the owls played between two viola notes. The moon has turned paler than a cloud.

Under the east wind, the eucalyptus dances — hair tamed — flexible like a woman possessed,
                bent to the many hands of the wind.

Clouds flee. Wind covers the blurred beaches.

The storm would raze the frozen palms, the distant explosion or the intermittent chirping of birds shivering on the roofs.

The wind grows in the sea and eyes invent their own storm clouds, their unsleeping lightness.

5

Han atracado lentamente las barcas. El frío se levanta donde husmean tímidos los gatos, entre las redes apiladas.

Cruza el cielo una franja violeta y al cuerpo lo cruzan las delgadas fibras de asombro y un viento que camina por los pies.

Lejos, desembarcan los tambos tornasolados. Y más lejos, en el sueño, mientras se intenta fijar sobre cualquier punto la playa a la deriva,

caen perdiéndose las últimas imágenes. ¿Cuál playa? ¿A dónde encallaremos, como peces dormidos?

Todo este sol con su sabor, ya nuevo por antiguo, toda la premura de nuestros pasos no bastan para beber

en los hombros del otoño que entra, la luz de la bahía, la línea inabarcable de las islas.

5

The boats have slowly docked. The cold rises where cats timidly sniff amongst the piled nets.

A violet stripe runs across the sky and our bodies are covered in fine fibres of wonder and a wind that passes across our feet.

Far off, iridescent bins are unloaded. And still further, in the dream, while one tries to fix the drifting beach to any point,

the final images fall and are lost. What beach? Where will we run aground, like sleeping fish?

All this sun with its flavour, so old that it's new, all the urgency of our steps are not enough to drink

on the shoulders of early autumn, the light of the bay, the ungraspable line of the islands.

6

Un violincito desafinado fue y vino para abrir la tarde, mientras el viento agitaba los manteles.

El monte era visible en el lomo de un gato. Entre los pasos de Stéphanos por la terraza
    la quena se oía trayendo de golpe los Andes a las faldas de Hághia Triáda—

Adentro, repisas con fotografías de los muertos, prestancia desteñida entre los sepias,
    velas eléctricas alumbrando entre flores los largos mostachos, el sable y el fusil.

Los borregos bordean el farallón, y pintado de blanco, brilla ahora en alto el refugio contra los invasores.

Ah, danza de luces filtradas entre la viña y las glicinas, los racimos de flores violetas ya secándose, las uvas creciendo con el día.

6

    A little violin, out of tune, came and went, opening the evening, while the wind stirred the tablecloths.

    The mountain could be seen on the cat's back. Amid Stephanos' pacing across the terrace
        the *quena* could be heard all at once drawing the Andes to the slopes of Hagia Triada —

    Inside, mantelpieces with photographs of the dead, allure faded in the sepia,
        electric candles amongst flowers lighting up the long moustaches, the sabre and the rifle.

    Lambs skirt the crag and, painted white, the haven from invaders now shines up on the heights.

    Ah, dance of lights filtered amidst the vine and the wisteria, the clusters of violet flowers now drying, the grapes growing with the day.

7

El sol se derrama en la fotografía de la tarde. Laten milésimas de segundo en el ala de la gaviota.

La soledad junta sus días bajo el embate solar, destila una a una sus perlas de hastío.

Y al buen ánimo del azar, la piel recoge las veleidades del viento, persuasión o hechizo—

cuando su voz conminatoria ejerce un fingido desvalimiento de gata recién parida. Viento indigente en las ventanas.

O la súbita distancia de la piel, conteniendo el ánimo de la sangre, el tumulto de la mente
          —como estrella de los vientos.

Y éste que sopla hace volar paños blancos hasta un árbol, o los lleva trotando cañada abajo.

7

The sun spills out in the photograph of evening. Thousandths of a second beat in the seagull's wing.

Solitude collects its days under the pounding sun, distils its pearls of tedium one by one.

And gladly accepting good fortune, the skin picks up the fickleness of the wind, persuasion or enchantment –

when its threatening voice exerts a feigned helplessness, like a cat that just gave birth. Needy wind at the windows.

Or the sudden distance of the skin, containing the spirit of the blood, the uproar of the mind
   – just like a compass rose.

And this wild wind sets white clothes flying high up into a tree, or takes them trotting down the ravine.

Como lobo aúlla tras los corderos del proverbio, aquí donde no hay lobos, pero sí corderos y cabras apacentándose de viento,

como la vanidad de las cosas, la veleidad de la piel, el deseo que se alarga como un gato en estas sábanas dominicales.

Like a wolf it howls behind the proverbial lambs, here where there are no wolves, although there are lambs and goats chasing the wind,

like the vanity of things, the fickleness of the skin, desire stretching out like a cat on these Sunday sheets.

8

La nube deja en su exilio
                un escándalo de gotas sobre el embaldosado, asciende hacia la altura dispareja de las nubes vecinas.
                Cabalgatas silenciosas, brillo en el reborde de los cirros.

Ya se fragmenta en bandadas del oro al púrpura, diluye su sombra en el peñasco,
      donde las olas han vestido de algas las rocas negras, han abierto bajo su embate grutas donde pueden pacer los pensamientos.

Te llamo y fulguras en la nube, te extiendes en aquello que se alza entre el relámpago y el trueno.
Te llamo
        y tú vienes también para encontrarme.

Un destello, transparencias conmueven la mirada, filtran pequeñas gotas del torrente entrevisto –
        luz como una cascada, como un diluvio.

8

The cloud goes into exile leaving
a scandal of drops on the tiling, rises toward the varying altitudes of nearby clouds.
Silent processions, brightness round the edge of the cirrus.

Now it breaks up into flocks from gold to purple, dissolves its shadow on the crag,
where the waves have dressed the black rocks with algae, have pounded open caves where thoughts can graze.

I call you and you gleam in the cloud, you spread over what's ascending amidst lightning and thunder.
I call you
and you also come to meet me.

A sparkle, transparencies draw the eye, filter small drops of the barely guessed torrent —
light like a cascade, like a deluge.

9

    El tacto atraviesa el cuerpo, y un polen de alcatraz visita las yemas de los dedos–
        hormigas en la nuca y la axila.

    Corpúsculos, esencias vivas se desplazan en el aire.
Solicitudes de la luz.
    El brillo impone su filo cegador en los follajes perennes.

    Hemos seguido pistas al amparo del sol, y sus aceites nutren los goznes de la mirada,
        una corriente de frescas risas, de ventura sin pausa
                          bajo el sol dador de espinas.

9

    Touch traverses the body, and pollen from the calla lily touches the fingertips —
        ants on the back of the neck and in the armpit.

    Corpuscles, living essences shift in the air.
Requests from the light.
      The glare inflicts its blinding edge on the perennial leaves.

    We have followed tracks under cover of the sun, and its oils nourish the
hinges of our gaze,
      a current of fresh laughter, of unbroken good fortune
                                                  under a sun which
yields thorns.

10

El faro apenas perceptible en la mancha del alba.

Descifrar los sueños, tanto como las muchas distintas picaduras de insectos, el viento en su apetencia múltiple, la blancura de las casas tras la higuera.

Adivinar cada uno el habla del otro, los acentos —sólo a partir de un gesto reconocible.
Estimar el canto que nos habita en tan poca vida, el vino que nos enciende.

El viento se lleva el sueño acumulado.
                                        Dentro, todo se vuelve azul.
Las siluetas fulguran brevemente azules y blancas. Una nube y gaviotas, blancas también.
                                        (La mano escribe sin que los ojos
                                              se desprendan del sueño).

10

The barely perceptible lighthouse against the stain of dawn.

Deciphering dreams, like the various insect bites,
the wind with its many appetites, the whiteness of the houses behind the fig tree.

Guessing each other's speech, the accents – starting only from a recognisable gesture.
Appreciating the song that dwells in us through so short a life, the wine that arouses us.

The wind bears away the gathered dreams.
                                          Inside, everything turns blue.
Silhouettes gleam briefly blue and white. A cloud and seagulls, also white.
                                      (The hand writes without the eyes
                                              letting go of their dreams.)

LA PRESENCIA

THE PRESENCE

1

Vine como ese pájaro que oyó a la distancia, entre corrientes alternas de la noche, el llamado de su par.

Indistinguible de la propia voz, esa nota única entre todas se abrió paso desde el sueño.

Cantaba la noche, y un silencio sólo tocado por el viento, aleteo que se desprende de una rama, se volvió idéntico a la voz.

Élitros pulsando como un toque de gracia. Alma y sentidos debatiéndose en su no entender.

Más guiada por el deseo que la certeza, como siguiendo el rastro vivo de un aroma, vine hasta aquí.

1

I came like that bird, hearing its mate's call in the distance, amongst the night's alternating currents.

Indistinguishable from its own voice, that note, unique among them all, made its way out of dreams.

The night sang and a silence touched only by the wind, like the sound of wings flapping from a branch, became identical with the voice.

Elytra berating like divine grace. Soul and senses struggling with their lack of understanding.

Guided by desire rather than certainty, as if following the lingering traces of a scent, I made it here.

2

Entreví, no la imagen real sino soñada.
¿Cuánto tendría que adquirir o perder para acercarse a lo real? ¿Qué era lo real?

En la distancia, formas indistintas, como esa hierba que saturaba el verano a la sombra de las hojas movedizas.

Y la blancura restallante. Entrecielo penetrado por notas de flauta,
o por el viento embromando a los gatos con el escamoteo de las hojas secas sobre el suelo.

Enjambres de mariposas se levantan, como hojas de castaño,
                                                                                                   el polvo
de sus alas llena el aire.

Tus ojos me reciben desde el sueño.

2

    I glimpsed not the real image, but the one dreamed.
    To approach reality, how much would it have to gain or lose? What was reality?

    In the distance, blurred shapes, like that grass which filled the summer in the shade of shifting leaves.

    And the blinding whiteness. Awning pierced by notes from a flute,
    or by the wind fooling the cats, playing tricks with dry leaves on the ground.

    Swarms of butterflies rise, like leaves from a chestnut tree,
                                              the dust of their wings filling the air.

    Your eyes receive me from dreams.

3

La noche empieza en el ala del arcángel.

La partitura se borra, vuelve a su respiro, pliega su vuelo mientras las cosas se despliegan,
        las traspasa una luz violeta que no cesa.

Tu voz hiere en lo suave.

Tormenta afuera. Árboles que se doblan.
Dentro, el juego del polvo en esa luz, un asombro callado, nociones de cuerpo presente.

Insondable el sentido por donde transitamos.

Explicar lo que comportan la voz, la luz, la presencia que llega desde otra esfera,
        cercana   más que la propia piel   amada.

3

The night begins in the archangel's wing.

The musical score fades away, goes back into itself, folds its flight while things unfold,
      a ceaseless violet light filtering through them.

Your voice wounds me in its softness.

A storm outside. Trees bending.
Inside, the play of dust in that light, a quiet amazement, notions of a living presence.

Unfathomable, the sense we pass through.

To explain what is involved in the voice, the light, the presence arriving from another realm,
      close   more so than the very skin   so dear.

4

    Fijar sobre tu rostro las facciones del sueño, darle sombra y perfil, visitar en su nido el relámpago,

              con el viento colándose a raudales a media tarde.

    Pudo la faz del sueño al fin tomar un rostro
                      y decirse completa, venciendo los párpados como alas abatidas, a ras de cielo.

    Los dos extremos del sol. Una opción anclada en el deseo, o sus tintas desiertas marcando en franjas puras el paso
                con un velo en los ojos

        la entrada
               la salida
        la entrada

    sin mucho entender del alto vuelo.

4

      Fixing the features of dreams to your face, giving it outline and shadow, visiting the lightning bolt in its nest,

                        with the wind straining through mid-afternoon.

      The countenance of dreams could finally take on a face
                                      and call itself complete, defeating eyelids like folded wings, on the skyline.

      The sun's two extremes. An option anchored in desire, or its desolate inks marking the step with pure stripes

                      with a veil covering the eyes

                the entrance
                        the exit
                the entrance

            not knowing much about flying high.

5

El sueño pesa como un ala blanca, un rigor inescapable, una acumulación de vísperas.

Lo atraviesan nombres de largas terminaciones, como ropajes talares, sobreexpuesto al calor, al reflujo de espliegos—
                                       recoge dulces frases ceremoniosas extendidas a lo largo del fulgor vespertino.

Nada oculta el brillo de los almendros, con sus hojas que se trepan a la luz.

Se oyen palomas en el techo, y el sueño cae como un velo, se balancea sobre nuestras sombras,

y en el jardín de altos muros nos acoge la noche, donde tu ropa blanca entre el follaje
     es una gracia de la Resurrección.

5

    Sleep weighs like a white wing, an unavoidable rigour, an accumulation of thresholds.

    It is riddled with names with long endings, like ankle-length clothes, overexposed to the heat, to the ebb of lavender –

                                      it gathers sweet ceremonious words from an evening glow reaching into the far distance.

    Nothing conceals the glitter of the almond trees, leaves climbing towards the light.

    Pigeons can be heard on the roof, and sleep falls like a veil, sways over our shadows,

    and in the high-walled garden night takes us in, where your white clothes amidst the leaves

                are like the grace of the Resurrection.

6

Toda el agua en secreto,
Los pensamientos no se atreven a estallar y enlazan callados el gesto enunciador.

El soplo del día llega hasta la frente, hace latir el nervio que atraviesa, la vena que va tocando leve.

Toda el agua a la orilla del labio: apenas un eco de las últimas palabras—

un paso más a la vigilia y se han ido, se confinan en su mundo otro, sólo aprensible vagamente en el sueño.

Y lo que allí sucede, lo que dices y te digo yo, los mundos que visitamos se cierran en secreto.

6

All the water in secret,
Thoughts don't dare break out, they silently convey a gesture.

The day's breath reaches my brow, makes the lateral nerve pulsate, the vein it lightly touches.

All the water just touching the lips: scarcely an echo of the final words –

one more step towards waking and they are gone, shut away in their other world, grasped only vaguely in dreams.

And what happens there, what you say and what I say to you, the worlds we visit close up in secret.

7

La luz parpadea en las bóvedas blancas,
                                    imágenes de lo divino.
Los amantes beben uno del otro.

La noche huye, y algo más fuerte arrebata la mente, trayendo al sueño su sangre duradera.

El sol dibuja en el suelo el deshilado de las cortinas. Muros azules de tan blancos.

Los ánimos se entremezclan, la mirada se empaña.

Las almas se escapan en el vino, contando apenas un relato brevísimo en su revoloteo.

7

Light flickers on the white vaults,
                                      images of the divine.
Lovers drink from each other.

Night flees, and something stronger captivates the mind, bringing its vigorous blood into the dream.

The sun sketches the curtains' frayed threads on the ground. Walls so white they're blue.

Moods blend, the eyes glaze over.

Souls escape from the wine, their flutter barely relating the briefest of tales.

8

Dentro de tu abrazo la noche danza.

La conciencia se desliza, resbala como agua, fluye sobre sí misma sin detenerse, contempla todavía sus caminos en las savias azules.

Huellas de luz se dibujan en el amanecer.
Antenas sensitivas buscan hacia el mar, se saturan de peces

y el día entra con sus mentas y sus albahacas, los insectos renacen.
                Zumban las
alas súbitas en la ventana.

8

Night dances within your embrace.

Consciousness glides, slips by like water, flows over itself incessantly,
        still absorbed in its way through the blue sap.

Traces of light sketched across the dawn.
Sensitive antennae search seaward, completely filled with fish,

and day breaks with its mints and basils, insects are reborn.
                                        Sudden wings
buzz at the windowpane.

9

Traspasada, el alma se hunde en la belleza de las cosas, que apenas reflejan tu belleza,
    se deja invadir por lo que ve en tu rostro.

Los hilos de tu voz como hilos de araña,
                      y del oído presos mente y corazón se hacen devorar.

El ánimo se suspende en la substancia de tu abrazo, transido en sus rumbos alegóricos.

Ah, dónde empieza esta historia de esconderte o huir o mostrarte en la cumbre inverosímil.

De tus tierras invisibles un rayo único se refracta en el prisma del corazón,
    y tu mirada deja en el secreto otras sentencias.

9

Pierced, the soul sinks into the beauty of things, which barely reflect your beauty,

    it becomes transfixed by what it sees in your face.

    Your faint voice like spider's webs,

                      and, captives of the ears, mind and heart are willingly devoured.

    The spirit is suspended in the firmness of your embrace, perplexed by the allegory.

    Oh, where does this tale begin, of your hiding or running away or appearing on the improbable summit.

    From your invisible lands one single ray is refracted in the heart's prism,
        and your gaze leaves other sentences secret.

10

Quedan tus cimas escarpadas, la orilla del desierto.
                    —cifras sólo cumplidas cuando ya no se esperan.

Te desprendes de lo que juntan a tu Nombre y vuelves a recogerlo.

Respondes en el filo del canto.
Y tu voz tan desnuda, tan suelta en su cadencia,
                    clava en lo sensible sus saetas.

Miro las cosas y dejo que me acaricie tu belleza.

Ningún mar te contiene, ningún fuego consume tus ofrendas.

Se acumulan estas palabras que no dicen las cascadas de luz, el deleite
que punza, invade, despoja al alma,

llena de tu presencia o de tu ausencia.

Amorgós, Grecia, 1998; Ciudad de México, 2003

10

All that is left are your craggy peaks, the edge of the desert.
— only deciphered when least expected.

You detach yourself from all that was tied to your Name and then gather it up again.

You respond on the edge of song.
And your voice so naked, so loose in its cadences,
strikes the tender spot with its arrows.

I look at things and let your beauty caress me.

No sea contains you, no fire consumes your offerings.

They accumulate, these words, that cannot tell those cascades of light, the delight that pierces, invades, strips the soul,

filled with your presence or your absence.

Amorgos, Greece, 1998; Mexico City, 2003

www.ingramcontent.com/pod-product-compliance
Lightning Source LLC
Chambersburg PA
CBHW080406170426
43193CB00016B/2833